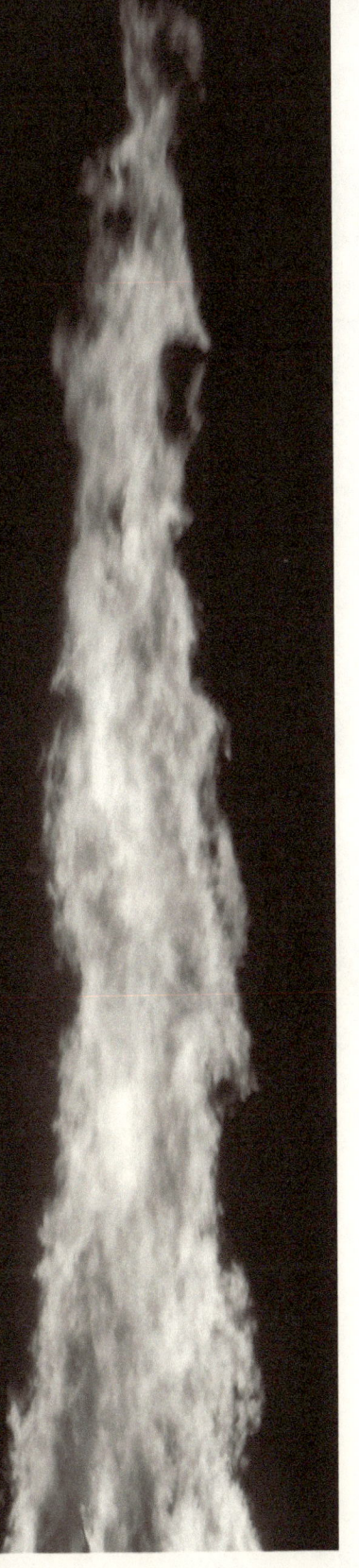

Récital juin2016

Poèmes et chansons

« *La sérénité à présent coule dans mes veines,*
Emportant avec elle les illusions vaines,
Les déboires et mon illustre lot de peines,
À l'heure où l'ennui se meurt et que la mort, à son tour, peine. »

« L'amour, c'est toi et moi toujours plus fous
Bravant les vagues au plus fort de l'orage,
Narguant le sort qui nous tient en otage,
Avec l'espace et le temps comme garde-fous »
Malgré tous ces riens qui, souvent, menacent le «tout» ! »

Eurydice Cend

ISBN : 978-2-36331-135-1

EAN : 978-2-36331-135-1

Programme

Le poète

Souvent, majestueux
Mais aussi réservé
Pour se préserver
Des cris impétueux
Des sots si dévots
Qu'ils assassinent par les mots
Il est le voleur de feu
Ayant choisi Orphée
Comme prince des sphères splendides
Où s'élève l'esprit avide
De volupté et de beauté.

Il est, oui, l'athanor
Où se déversent
Les flots et averses
Des joies et maux du monde
Dans leur vive ronde !

En lui l'émotion
S'étonne et chantonne
Quand les sensations
S'invitent et façonnent
En son cœur dix mille trésors
Plus précieux que l'or.

Faisant feu de tout bois
Nullement aux abois
Il réchauffe les cœurs froids
Fascine reines et rois

Par sa grâce toute innée
Par ses airs raffinés
Son cœur toujours rebelle
Par ses captivantes prunelles
Dévoreuses de ténèbres
Autant que de lumière
Aux heures si célèbres
Vite dérobées au temps
Toujours maître pourtant
Des illusions amères
Et des belles chimères
Qu'embrassent les humains
Espérant que demain
Leur sera plus prospère.

Il est le grand alchimiste
Peu ou prou optimiste
Qui se fiche bien d'être dit riche
À l'autel du veau d'or
Car il est né bien plus riche
Que César et Crésus
Ces tsars finalement déchus
Qui, jamais, ne boiront

Du précieux ellébore
Pour eux, beau poison,
Pour lui, nectar et vrai or.
C'est le grand aède
Qui adore et vénère la vie même

Par-delà ses humaines envies !

Ô, poète au cœur insondable
Ô, toi, génie formidable
Viens verser un peu de ta superbe
Dans mon esprit fougueux, si amoureux
De ton doux, ton si doux verbe
Oh, toi mon grand, mon bel aède !

J'implore les femmes

J'implore les femmes de ne plus en vouloir
Aux hommes qui, plus d'une fois, sur la croix
Ont brûlé les leurs, au nom d'une vaine foi,
Car, ne procède de si cruelles lois,
Aucune foi reposant sur l'amour, la paix et la joie !

J'implore les femmes pour qu'enfin elles pardonnent
À ceux qui, bien souvent, les abandonnent
Pour une paire de jambes bien plus jeunes ou plus belles,
Pour des yeux qui brillent et, en eux, en appellent
Aux désirs qui brisent des vies et nombre d'espoirs,
Plongeant femmes et enfants dans le terrible désespoir !

Au nom de ces choses qu'ils condamnent et répriment,
Les hommes pourtant ont commis tant de vils crimes,
Consignant tant et tant d'âmes qui ne réclamaient aucune prime,

Au règne de l'obscur néant et de la sordide déprime,
Alors qu'elles ne se prévalaient d'autre mérite que de leur seule appartenance à la vie !

Réservoirs naturels, elles, si belles sources de vie,
Implorent souvent des hommes la grâce, pour avoir la vie sauve,

Elles qui, pourtant, la donnent et si presque toujours
la veulent sauve !

Pour avoir à tort jugé, tué, pillé, sans compter,
Pour avoir craché sur le ventre qui, par amour, les a
portés,
Oubliant d'où ils viennent, qu'à cela ne tienne,
Conjurant le sort qui, à une femme, oui les enchaîne,
Par la naissance, l'enfance ou par le mariage !

Oui, à celles qui, cependant, les invitent à toujours plus
de partage,
Ils ont souvent nui,
Saccageant leurs espoirs et leur joie par la violence,

Maîtres de toutes ces sinistres et macabres doléances
Qui marient souvent amour et haines aux
condoléances,
Brandissant le triste flambeau des caduques alliances
Reposant en de fantomatiques et vétustes substances,
Parce que, longtemps, homme rimera avec
inconstance !

Plus jamais de larmes de honte inondant l'oreiller,
Fidèle confident qui recueille malheurs et peines,
Dans le silence religieux des nuits glacées des plaines,
Des montagnes et des vallées qui laissent les-uns
émerveillés,
Aux heures où les pleurs et le vide assaillent et
ravagent

Ceux en qui, l'horreur et sa nuée de désordres, font
rage !

Plus de rire étouffé à l'approche du terrifiant visage
Qui, d'un geste, bannit du cœur et l'espoir et la joie,
Car, possédé par une aveugle et vaine foi,
Il ne voit plus en la belle vie déployée,
Que les couleurs et les formes en faisant le vil
instrument du désespoir !

J'implore donc les femmes pour qu'enfin elles
libèrent les hommes
Des subtils parfums du péché et du goût amer des
roses du mensonge,
Pour qu'enfin, ensemble, hommes et femmes songent
Au prophétique jour qui les verra, majestueusement,
unis
Dans l'ardeur mille et mille fois bénie !
Car, la femme sans l'homme reste une pure merveille
sans miroir,
Et l'homme sans la femme demeure un vide abyssal,
sans réel pouvoir !

Sérénité

Brume et tristesse sur la cité en pleurs,
Quand l'effroi dans les cœurs prend toute son
ampleur,
Que la pensée danse et vole dans mon âme en fleurs,
L'étreinte du destin de sa force m'effleure !

L'oubli en mon être s'insinue alors et siège
Au mépris des vulgaires et infâmes pièges
Et, mon cœur danse et bondit, à l'assaut du liège.

La sérénité à présent coule dans mes veines,
Emportant avec elle les illusions vaines,
Les déboires et mon illustre lot de peines,
À l'heure où l'ennui se meurt et que la mort, à son
tour, peine.

Et je vogue, vaisseau pensant, dans le cosmos,
À la dimension de l'univers, en osmose
Avec l'Être et la Pensée, unis à Amos.

Sur les traces de la nature

Sur les traces de la Nature
Tant de bavures, tant de ratures
Parfois le ciel pleure et les êtres se taisent
Alors les tourments dans mon cœur s'apaisent
Le volcan se réveille avec sa traînée de feu
La montagne alors prie en silence
Et la Nature redéploye sa belle Science.

Le navire de la vie

Sur le noble navire de la vie
Je déploie mes voiles,
Je dessine ma toile
Riche de tous les jours
Qui m'ont vu(e) en pleurs ou réjoui(e),
À l'assaut de l'illustre tour
De la liberté et de l'amour
Au gré du vent, sur la houle du destin
Qui m'aura offert plus d'un festin !

Mes soupirs parfois accrochent la lueur des étoiles
Mandant le sens des secrets qui ne se dévoilent
Qu'à ceux qui, déchus ou perdus dans la belle folie,

Déploient bien des efforts pour de vains colis,
Alors que s'offrent les clés du millénaire trésor
À leur esprit qui, trop souvent, s'endort !

Orchidée

Orphée t'aurait chantée
Reine des bois enchantés,
Celle qui laisse l'âme réjouie
Hors de l'espace, du temps qui fuit,
Inondant nos sens de la belle douceur
Donnée avec une bien naturelle candeur,
Élevant l'être vers les spirituelles hauteurs
Embaumant nos cœurs avec grâce et ferveur !

Le trésor

Une femme prie, de Zeus, la belle Vestale
Qui s'ingénie au cœur du règne végétal
De lui offrir le secret des fées sur un Pétale.
La prêtresse mande alors une précieuse Opale,
Ni trop brillante, ni trop pâle
Qui, de toutes parts, à la vue s'étale
Et prie la dame de la porter à la fée de l'Oural
Qui se trouve plutôt en aval
Afin qu'elle lui livre un beau cheval
Qui dans les yeux tient le grand mistral
Et, dans la bouche, sur un doux pétale,
Le secret qui jamais ne s'avale !
Mais la femme, sous le charme de la belle opale,
N'alla jamais plus loin que ne porte le regard en son
val
Rentre chez elle puis, sur son sofa s'affale,
Ne pouvant plus se défaire de ce trésor à présent
rival
Du beau secret qu'elle cherchait pourtant matin et
soir et croyait sans égal !
Elle sait, depuis lors, qu'il n'est point besoin d'aller si
loin, chacal,
Pour trouver l'objet de ses rêves posé sur un écrin
royal !

MAMAN, (*Poème pour toutes les mamans du monde*)

À l'ombre de ton doux regard caressant,
Je me sens le plus beau des enfants,
J'ose mettre mes pas dans ceux des grands
Pour me mirer encore dans tes yeux de diamant !

Merci maman pour tous ces beaux moments
Où tu m'offres l'éternité dans un instant de majesté,
Toi dont la tendresse m'inonde de joie et me comble
de fierté !

Merci maman pour la complicité et pour la
délicatesse
Malgré mes oublis et mes dérives qui parfois te
blessent !
Merci à toi maman, toi qui restes toujours la même,
Reine de douceur qui, malgré tout, toujours, m'aime !

Ton sourire lumineux rayonnera toujours et encore
Dans mes moments de doute pour me ramener alors
Vers l'essentiel avec la certitude de la noblesse de ton
amour
Qui, jamais, ne ment ni ne dort, paré de grâce et de
beauté, toujours !

Et parce que des milliers de mercis ne suffiraient pas
vraiment pour te dire merci,
Laisse-moi te dire je t'aime
À travers ce doux poème Qu'aujourd'hui tu
m'inspires !

Parce que dans mille ans, dans dix mille ans
Où que je sois, tu seras aussi,
Précieuse, bouleversante et toute entière dans ma
mémoire en fusion alchimique,
Au détour des virages fatidiques, dans mes rêves
chimériques,
Lumière parmi les étoiles qui, jamais, ne s'éteignent,
loin des prolifiques galaxies,
Bien à l'abri, dans les recoins immatériels du cœur,
que jamais rien n'asphyxie !

L'amour

L'amour, c'est comme un volcan
Qui parfois, malgré nous, s'éteint
Et nous laisse dans le cœur
Comme un désespoir sans fin
Et le goût amer d'un grand malheur !

L'amour, c'est l'éternité et la beauté, face à face, qui
nous étreignent
Dans une violence folle, inouïe, imprévisible, qu'on
aime
Et nous transportent, puis nous emmènent en
tandem,
Plus loin que, jamais, on aurait pensé aller,
Malgré les doutes qui, soudain, nous assaillent, nous
imprègnent !

L'amour, c'est tous ces riens qui nous importent tant,
C'est tous ces liens qui nous emportent à travers le
temps,
Vers les horizons diffus, plus d'une fois, pourtant
espérés
Par nos regards fous de joie pour le don inattendu,
inespéré,
Quand plus rien ne vient miner les cœurs à peine
assagis !

L'amour nous donne le goût de la vie
Quand il nous effleure comme par magie
Et vient nous ouvrir les portes du paradis
Malgré l'enfer qui nous harcèle de son vénal souffle
Avec le parfum des tentations à bout de souffle !

L'amour, c'est toi et moi toujours plus fous
Bravant les vagues au plus fort de l'orage,
Narguant le sort qui nous tient en otage,
Avec l'espace et le temps comme garde-fous
Malgré tous ces riens qui, souvent, menacent le
«tout» !

Heureuse

Je suis heureuse
Je suis amoureuse
Tu le vois dans mes yeux
Tu l'as lu sur mes lèvres
Porteuses de cette fièvre
Qui, radieuse, court dans mes veines

Je suis heureuse
Follement amoureuse
L'univers te l'a soufflé
Le merle te l'a chanté
Ce secret bien voilé
Pour que jamais plus tu ne doutes et ne traînes
Dans la vie comme une âme en peine

Je suis heureuse
Oh oui, tellement amoureuse
Que tu l'entends dans chaque rire
Qui fuse, éclat de diamant pur,
De mon être qui chante la vie
Et t'invite à en cueillir les fruits mûrs

Je suis heureuse
Oh, oui, amoureuse
Tu le sens par tout ce qui me porte
Déjà par-delà cette autre porte
Qui infiniment ouvre à la vie
Exaltant mes plus belles envies
En chaque instant que je prends
Tel un bonus sur le temps
Qui s'étire et m'offre en substance
L'espace pour que j'y vole avec aisance !

Je suis heureuse
Oui follement amoureuse
Tu le sais…

Je viens vous dire merci

À toutes les femmes qui, avant moi
Eurent l'honneur d'être dans tes bras
De te connaître matin et soir
À toutes celles qui t'ont aimé ici ou là-bas,
Je viens dire Merci

Oui, je viens vous dire merci

MERCI
À celles qui t'ont tant appris
De l'art d'aimer à l'art de vivre
Qui t'ont si souvent surpris
Par cette douceur qui enivre,
Je dis infiniment merci

Oui, je viens vous dire Merci

MERCI,
À toutes les belles qui t'ont aimé
Et t'ont parfois fait douter
Pour t'enseigner l'humilité
Quand tu n'étais qu'orgueil et vanité, en vérité,
Avant de naître à la joie d'aimer,
Sincèrement merci

Oui, Merci

MERCI

À toutes celles qui avaient tes faveurs
Qui savaient ton odeur, ta saveur,
Tes préférences, tes goûts, tes valeurs,
Dans l'incertitude de chaque matin
Qui ne disait rien de ces lendemains
Qu'elles verraient vides de toi, c'est certain,
Dans leur existence aux mille chemins
Où tu ne faisais que passer
En attendant de me trouver
Et d'être à moi, sans contrefaçon,
Je dis mille et mille fois merci

Oui, je viens vous dire Merci

Dans la ferveur de la belle ardeur
Qui te sait vraiment grand, toi,
Roi dans mon cœur qui se réjouit
De l'honneur de vibrer par toi
Quelle que soit l'heure, témoin de mon bonheur

Et je dis infiniment Merci
À la celle qui t'a donné la vie
À la mère qui a chéri chacun de tes sourires
Partager tes larmes, tes rires
Pour que tu sois, aujourd'hui,
Celui qui, sur terre, m'offre le paradis !
Infiniment merci…

Poétesse, votre altesse !

Poétesse des nuits de détresse,
Je déploie le lit de la tendresse
Pour y coucher mes vers en une tresse
Sur laquelle se chevauchent et se dressent
L'amour et l'espoir qui recherchent avec adresse
Les cœurs marqués par tant et tant de maladresses
Et ceux meurtris par tout ce qui inquiète et blesse !

Battant la mesure sur une note qui vole en caresse,
Je parle à ceux qui jamais ne cessent
De chérir la vie et qui, à elles, renaissent
Malgré tout ce qui afflige et oppresse
Malgré la mort qui sans cesse nous tient en laisse !

Ma plume court, vole, s'accélère ou s'arrête
Au gré du souffle qui emporte et porte l'esprit
Dans une valse folle qui à mille idées se prête,
Et ne souffre pas de paraître, de beaucoup,
incomprise

Car elle s'anime sans fioriture et sans hypocrisie
Dans l'élan sincère qui honore l'amour et la vérité
À travers la beauté des choses imméritées !

Je ne suis qu'une poétesse, votre altesse,
Qui vient noyer l'horreur et la détresse
Ou chanter la beauté et la tendresse
Par les flots de paroles qui courent et caressent
Avec quelque charme et un peu d'adresse
Les sens amortis et ceux éveillés, peut-être, avec
sagesse !

She

She dances like no other
Her rhythm within your heart
She washes your soul in depth
To be sure you won't forget
That beyond time and death
She is the queen you'll always respect
Since, even invisible,
More than appreciable
She used to bloom everywhere
Everywhere…

She prints her seal into your veins
Calling again and again for your faith
She offers no tip in vain
Whispers a great song to the braves
Moves her way through your waves
Always blowing the purest breath
Into your chest and inner self
Only asking you to always rise
And to stand for the best
Yes to stand for the best
Whether you're wrong or right
She's simply LIFE, as you guest!

She dances like no other
Her rhythm within your heart   R

Love
(A two voices' song)

Love, love brings heaven on earth
Love sheds light in our darkness
It shows us the way to goodness
And teaches us how to breathe!

For love is all I know
And all I want to show
I wish you love in all
To bring you peace and joy!

Love calls for our inner best
Wants to spring from our heart, unrest,
Love makes us sing always as well
Showing us the way out of this hell!

Love, love says you're the best
Teaches me how to get to you
Knowing how much I need you
How much I need to feel you
So close to my chest

Love brings me down on my knees
Cause love is my only way to you!

Sell me love

A man travels a long way
He finally comes nearby an old peer
Greats him as should be
Spends some time thinking
Then he says to him
Hey, wise man
I'm a rich man
I have money and gold
Even diamonds and all
Ask anything of the sort
But please come on and
Sell me love, sell me love, sell me love
Hey, wise man
I'm a rich man
I have money and gold
Even diamonds and all
Ask anything of the sort
And I'll give even more
To feel what
They all say is so great
I need happiness
Through great love
And I'll even give all my wealth
To enjoy what they say
Is so great
Just for a full happy day

I'll even give more if I could
But please tell me how and where
To buy love and its full happiness
Come on now, hey wise man
You know well enough
How much rich I am
So don't bother and just
Sell me love, sell me love, sell me love
I need love
For happiness is awaiting
And I cannot keep chanting
No I won't stand here asking
So please now tell me
Where and how
To find love, should I pay
And buy love
For happiness
Is the only wonder
I still can't afford
So come on and be kind
Cause am a man in demand

So please come on now
Sell me love,
I need happiness
Through great love
I'll give all my wealth
Just for a full happy day
To enjoy what
They all say
Is so great
I'll give even more if I could
But please tell me how and where
To buy love and happiness
Come on now, hey wise man
You know well enough
How much rich I am
Sell me love, sell me love, sell me love………..

I see you

I see you, I see you
I see you choosing that foolish path
Alone, alone
I watch you, I watch you
I watch you climbing that hill of bones
So mad, so mad
I warned you, I warned you
Warned you that there's no good
Going that way, that way
Ahaaaaaaaa ahaaaaaaaaaa

But will you only hear me
Will you only listen to me
No, no, you won't
No, no, you don't want to
No, no, no, no don't want to hear
The wise voice, of love
ahaaaaan

You keep on going your way
Calling glory, the fake, so fake, so fake
But life isn't such a game
We play, we play

Just to win, no, no, no, no,no, noooooooooooooo
 So awake, awake
ahaaaaaaaaaaaan

Sometimes, you win
Sometimes, you loose
But no fame is love's real name
No game is worth love's great flame
So come back to me
My love, my love
Yes, awake, to the real joy of life
Through love
My love, my love

Fake love

Should I cry over you
Oh oh fake love ?
Should I dream about you
Oh oh doomed love
You once promised heaven and all
You swore that you'd give only the best
Asking for the whole, so, so unrest
But in the end, can't find no love
Through your acts and what you say
Just the wind blowing its way,
Finally emains, finally remains

No no no no, no, no
Don't you make me lose of my time, anymore
Don't you dare to come by to lie
Into my ears, no more, no more
Ooooh oh you, fake love
'Cause you're vain in all
You, fake love
You, so cruel through love
You're vain in all !

No flower and no blame

I see you going your way
So dizzy, tasting fame
You keep calling my name
It's easy, but sounds so fake
So now, let me tell you that
No flower and no blame
Will be sent in my name (bis) [R]

You keep on going with no regret
You keep on moving not so wise
[Setting your dice
On brand new bets] **(bis)**
But can't keep on watching
All of this mess
As if you hadn't shed
Your hellish spell on me
No, no, no, no, no, no, no
R
So you keep on calling me in vain
Not even seeing all the pain
You've left behind
With your crual game
While tasting fame
And sending blames
But now just want to tell you that
No flower and no blame Will be sent in my name

The serial lover, is such a sweet real killer

Take care babe
Please take good care
The serial lover
Is such a sweet sweet killer

He comes your way
The lovely way
Promised the best
Getting closer, unrest
But this is just your turn
Many others've been returned
By this sweet lover's game
As he loves to tame
Those he entices so fast
A real master in this, at last
Take care babe
Please take good care
The serial lover
Is such a real sweet killer

He now comes your way
Asking for the best
Wants you to pay
To treat him as a guest
But won't gine a damn more minute
For your own hapiness
Says you cute
Just to hear he's the best
So, take care babe / Please take good care / The serial lover / is a sweet real killer

~~~~~

Merci et au plaisir… !

www.ingramcontent.com/pod-product-compliance
Lightning Source LLC
Chambersburg PA
CBHW020608130626
46552CB00007B/3110